Impressum
Verlag: BABADADA GmbH, Nedderfeld 112 , 22529 Hamburg
Geschäftsführer / Verlagsleitung: Harald Hof
Druck: Books on Demand GmbH, In de Tarpen 42, 22848 Norderstedt

Imprint
Publisher: BABADADA GmbH, Nedderfeld 112 , 22529 Hamburg, Germany
Managing Director / Publishing direction: Harald Hof
Print: Books on Demand GmbH, In de Tarpen 42, 22848 Norderstedt, Germany

la escuela
Šola

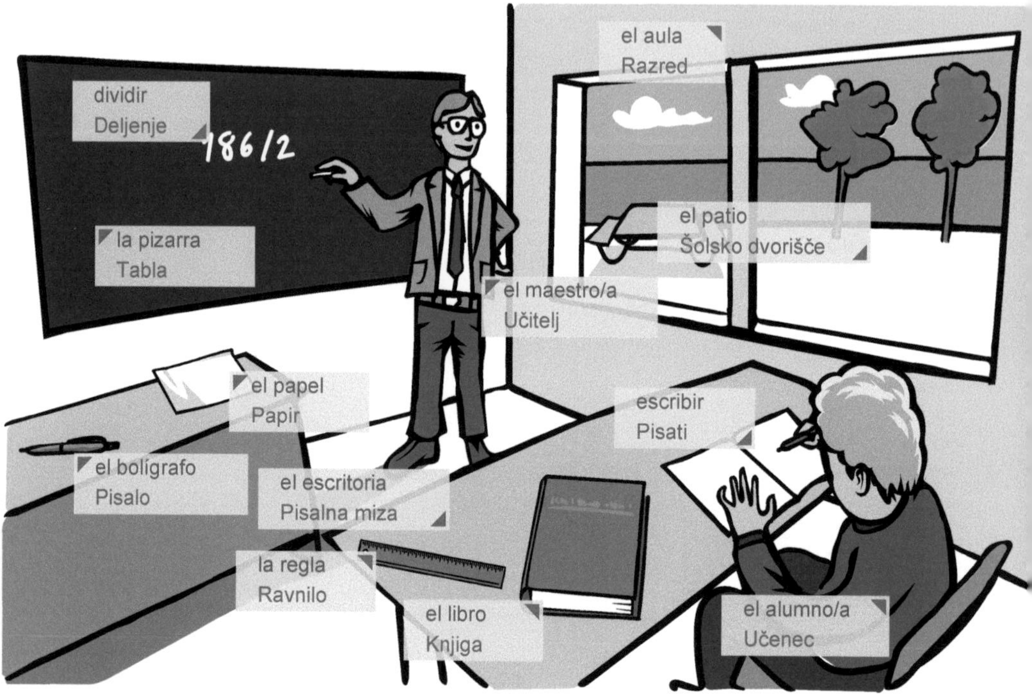

el aula
Razred
dividir
Deljenje
186/2
la pizarra
Tabla
el patio
Šolsko dvorišče
el maestro/a
Učitelj
el papel
Papir
escribir
Pisati
el bolígrafo
Pisalo
el escritoria
Pisalna miza
la regla
Ravnilo
el libro
Knjiga
el alumno/a
Učenec

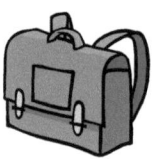

la cartera

Šolska torba

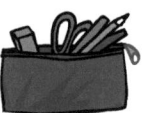

la caja de lápices

Peresnica

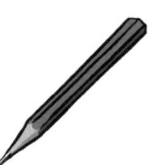

el lápiz

Svinčnik

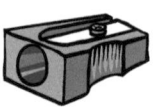

el sacapuntas

Šilček

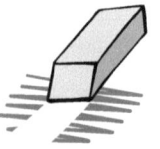

la goma de borrar

Radirka

el cuaderno de dibujo

Risalni blok

el dibujo

Risba

el pincel

Čopič

la caja de pinturas

Vodene barvice

las tijeras

Škarje

el pegamento

Lepilo

el cuaderno de ejercicios

Zvezek

los deberes

Domača naloga

el número

Število

sumar

Seštevanje

restar

Odštevanje

multiplicar

Množenje

calcular

Računanje

la letra

Črka

el alfabeto

Abeceda

la palabra

Beseda

el texto

Besedilo

leer

Brati

la tiza

Kreda

la lección

Učna ura

el cuaderno de notas

Redovalnica

el examen

Preizkus znanja

el certificado

Spričevalo

el uniforme

Šolska uniforma

la educación

Izobrazba

la enciclopedia

Enciklopedija

la universidad

Univerza

el microscopio

Mikroskop

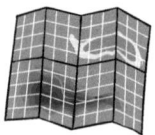

el mapa

Zemljevid

la papelera

Koš za smeti

el viaje
Potovanje

el hotel
Hotel
Grand
el albergue
Hostel
ROOMS
EXCHANGE
oficina de cambio de divisas
enjalnica
la maleta
Kovček
el coche
Avtomobil

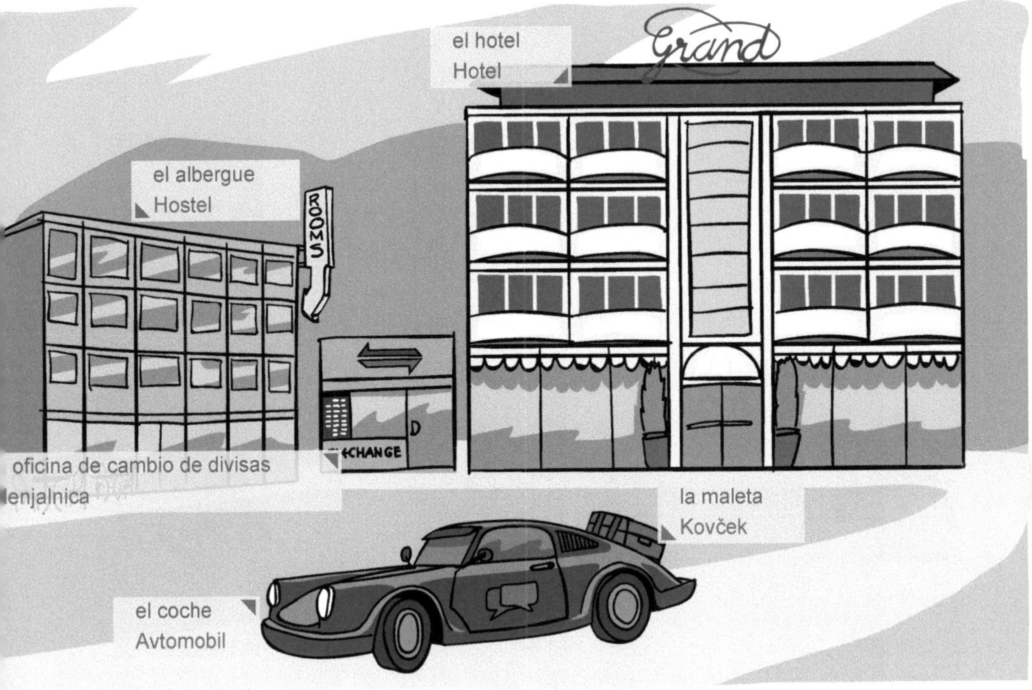

el idioma

Jezik

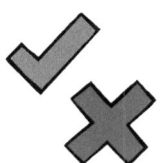

sí / no

da / ne

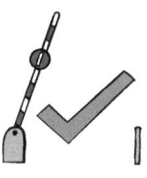

Vale

Prav

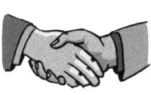

hola

Pozdravljeni

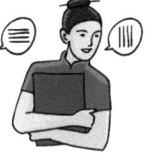

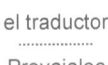

el traductor

Prevajalec

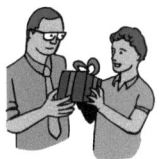

Gracias

Hvala

¿cuánto es...?

Koliko stane...?

No entiendo

Ne razumem

el problema

Težava

¡Buenas tardes!

Dober večer!

¡Buenos días!

Dobro jutro!

¡Buenas noches!

Lahko noč!

adiós

Nasvidenje

la dirección

Smer

el equipaje

Prtljaga

la bolsa

Torba

la mochila

Nahrbtnik

el invitado

Gost

la habitación

Soba

el saco de dormir

Spalna vreča

la tienda de campaña

Šotor

la información turística

Turistične informacije

la playa

Plaža

la tarjeta de crédito

Kreditna kartica

el desayuno

Zajtrk

el almuerzo

Kosilo

la cena

Večerja

el billete

Vozovnica

el ascensor

Dvigalo

el sello

Znamka

la frontera

Meja

la aduana

Carina

la embajada

Veleposlaništvo

la visa

Vizum

el pasaporte

Potni list

el transporte
Prevoz

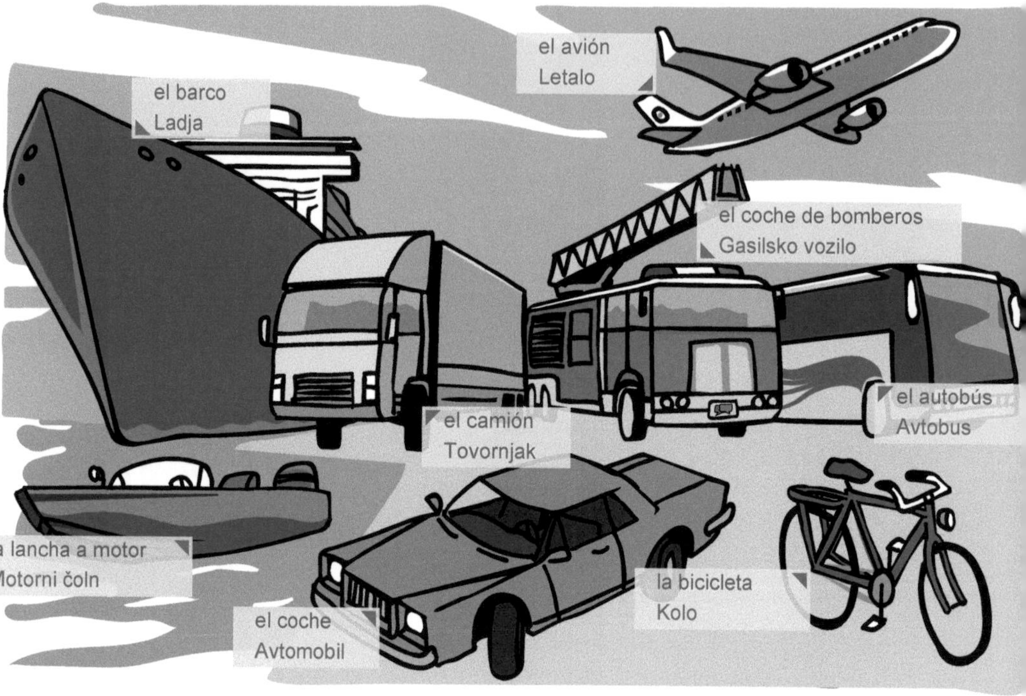

el avión
Letalo

el barco
Ladja

el coche de bomberos
Gasilsko vozilo

el autobús
Avtobus

el camión
Tovornjak

la lancha a motor
Motorni čoln

la bicicleta
Kolo

el coche
Avtomobil

el transbordador

Trajekt

la barca

Čoln

la moto

Motorno kolo

el coche de policía

Policijski avto

el coche de carreras

Dirkalni avto

el coche de alquiler

Najeto vozilo

el préstamo de vehículos

Souporaba avtomobila

la grúa

Avtovleka

el camión de la basura

Smetarsko vozilo

el motor

Motor

la gasolina

Gorivo

la gasolinera

Bencinska postaja

la señal de tráfico

Prometni znak

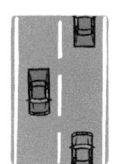

el tráfico

Promet

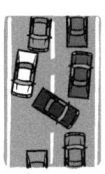

el atasco

Zastoj

el aparcamiento

Parkirišče

la estación de tren

Železniška postaja

las vías

Tirnice

el tren

Vlak

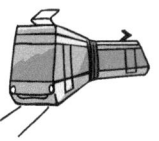

el tranvía

Tramvaj

el vagón

Vagon

el helicóptero

Helikopter

el aeropuerto

Letališče

la torre

Stolp

el pasajero

Potnik

el contenedor

Kontejner

la caja de cartón

Karton

la carretilla

Voziček

la cesta

Košara

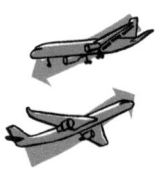

despegar / aterrizar

vzleteti / pristati

la ciudad
Mesto

el pueblo

Vas

el centro de la ciudad

Mestno jedro

la casa

Hiša

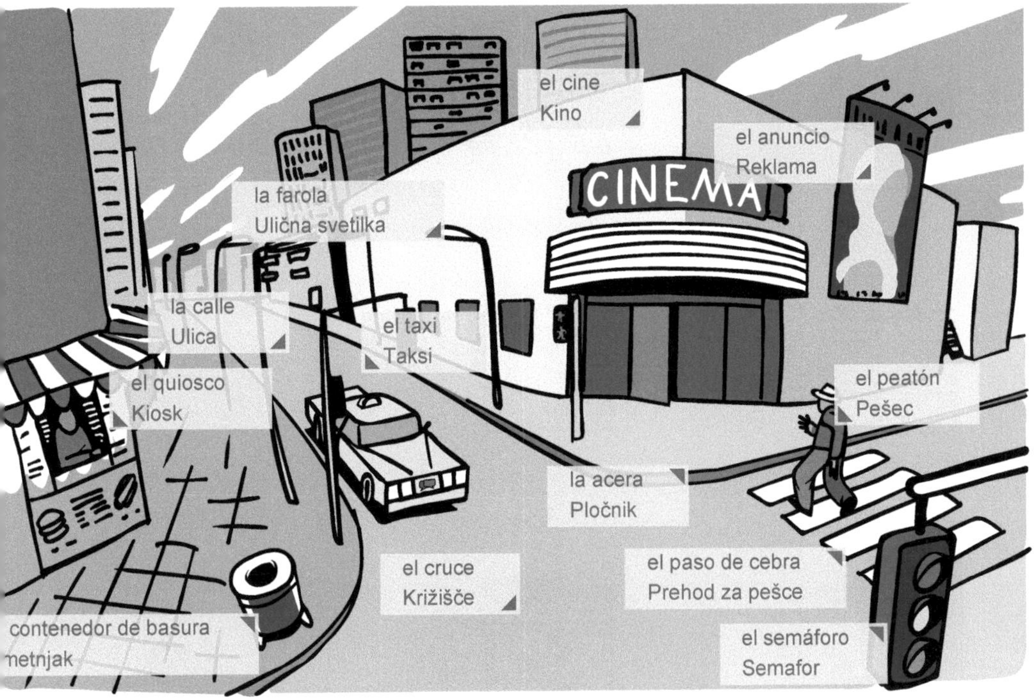

el cine
Kino

el anuncio
Reklama

la farola
Ulična svetilka

la calle
Ulica

el taxi
Taksi

el quiosco
Kiosk

el peatón
Pešec

la acera
Pločnik

el cruce
Križišče

el paso de cebra
Prehod za pešce

contenedor de basura
Smetnjak

el semáforo
Semafor

CINEMA

la cabaña
Koča

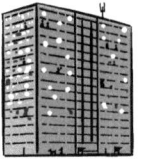

el apartamento
Stanovanje

la estación de tren
Železniška postaja

el ayuntamiento
Mestna hiša

el museo
Muzej

la escuela
Šola

la universidad

Univerza

el banco

Banka

el hospital

Bolnišnica

el hotel

Hotel

la farmacia

Lekarna

la oficina

Pisarna

la librería

Knjigarna

la tienda de campaña

Trgovina

la floristería

Cvetličarna

el supermercado

Supermarket

el mercado

Tržnica

los grandes almacenes

Veleblagovnica

la pescadería

Ribarnica

el centro comercial

Nakupovalno središče

el puerto

Pristanišče

el parque

Park

el banco

Klop

el puente

Most

las escaleras

Stopnice

el metro

Podzemna železnica

el túnel

Predor

la parada de autobús

Avtobusno postajališče

el bar

Bar

el restaurante

Restavracija

el buzón

Poštni nabiralnik

el poste indicador

Ulična tabla

el parquímetro

Parkirna ura

el zoo

Živalski vrt

la piscina

Kopališče

la mezquita

Mošeja

la granja
Kmetija

la contaminación
Onesnaževanje

el cementerio
Pokopališče

la iglesia
Cerkev

el patio de juego
Otroško igrišče

el templo
Tempelj

el paisaje
Pokrajina

la hoja
List

la señal
Kažipot

el camino
Pot

el prado
Travnik

la piedra
Kamen

el excursionista
Pohodnik

el árbol
Drevo

el río
Reka

la hierba
Trava

la flor
Cvetlica

el valle
Dolina

la colina
Hrib

el lago
Jezero

el bosque
Gozd

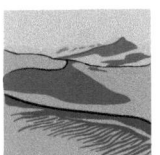

el desierto
Puščava

el volcán
Vulkan

el castillo
Grad

el arcoíris
Mavrica

el champiñón
Goba

la palmera
Palma

el mosquito
Komar

la mosca
Muha

la hormiga
Mravlja

la abeja
Čebela

la araña
Pajek

el escarabajo

Hrošč

la rana

Žaba

la ardilla

Veverica

el erizo

Jež

la liebre

Zajec

la lechuza

Sova

el pájaro

Ptič

el cisne

Labod

el jabalí

Divji prašič

el ciervo

Jelen

el alce

Los

la presa

Jez

la turbina eólica

Vetrnica

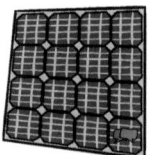

el panel solar

Solarna plošča

el clima

Podnebje

el restaurante
Restavracija

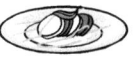

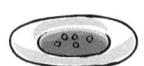

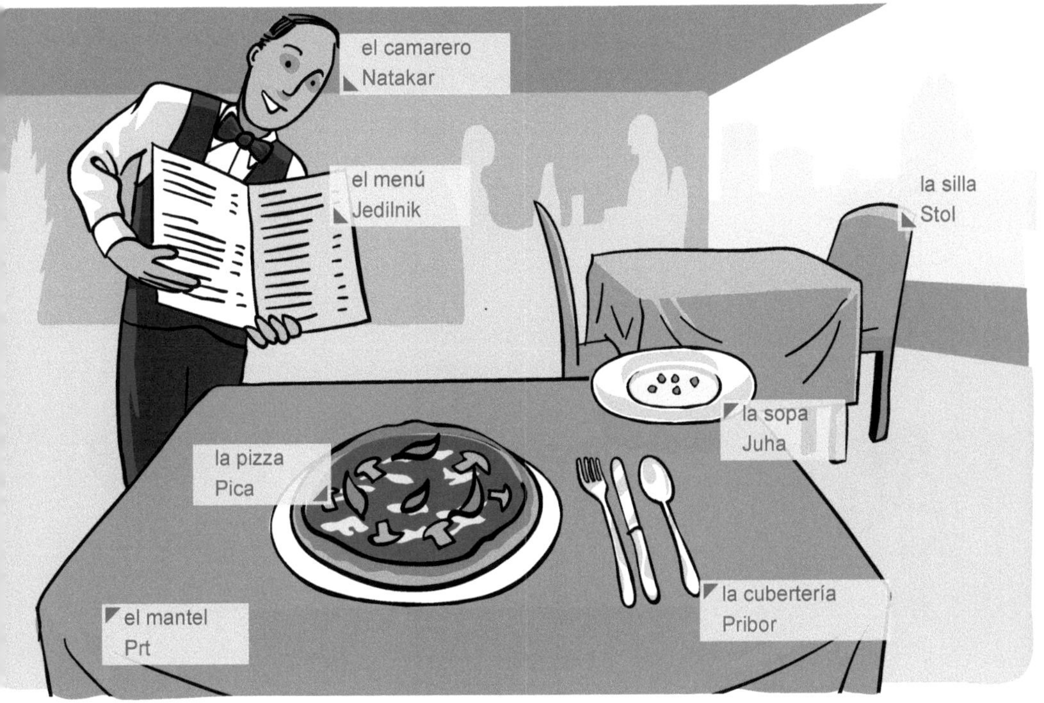

el camarero
Natakar
el menú
Jedilnik
la silla
Stol
la sopa
Juha
la pizza
Pica
la cubertería
Pribor
el mantel
Prt

el primer plato
Predjed

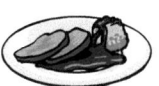

el plato principal
Glavna jed

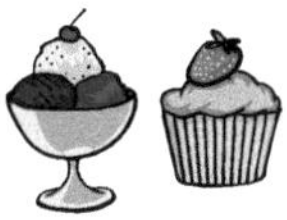

el postre
Sladica

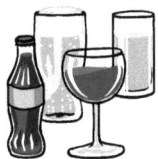

las bebidas
Pijače

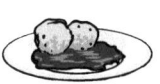

la comida
Hrana

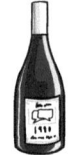

la botella
Steklenica

la comida rápida

Hitra hrana

la comida callejera

Ulična hrana

la tetera

Čajnik

el azucarero

Sladkornica

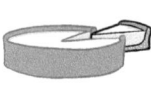

la porción

Porcija

la cafetera expreso

Aparat za espresso

la trona

Stolček za hranjenje

la cuenta

Račun

la bandeja

Pladenj

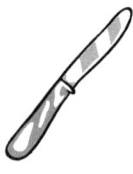

el cuchillo

Nož

el tenedor

Vilica

la cuchara

Žlica

la cucharilla

Čajna žlička

la servilleta

Servieta

el vaso

Kozarec

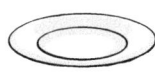

el plato

Krožnik

el plato hondo

Globoki krožnik

el platillo

Krožniček

la salsa

Omaka

el salero

Solnica

el molinillo de pimienta

Mlinček za poper

el vinagre

Kis

el aceite

Olje

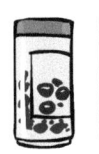

las especias

Začimbe

el ketchup

Kečap

la mostaza

Gorčica

la mayonesa

Majoneza

el supermercado
Supermarket

la oferta especial
Posebna ponudba
FOR
el cliente
Stranka
los lácteos
Mlečni izdelki
la fruta
Sadje
el carro de compra
Nakupovalni voziček

BUTCHERS

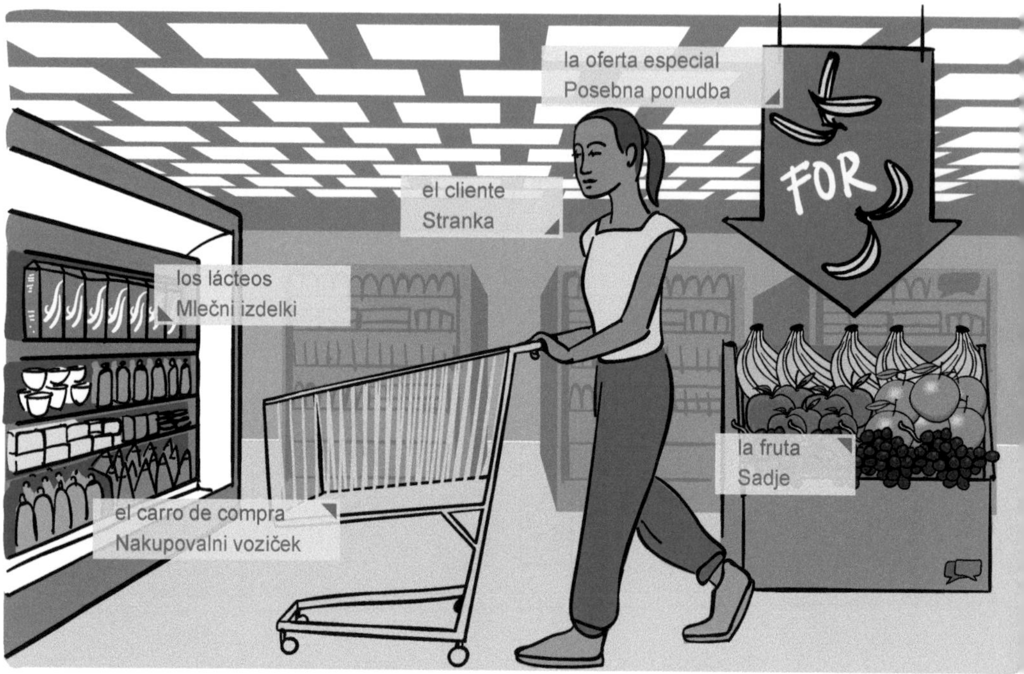

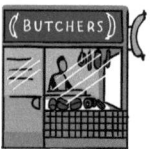

la carniceria

Mesnica

BAKERY

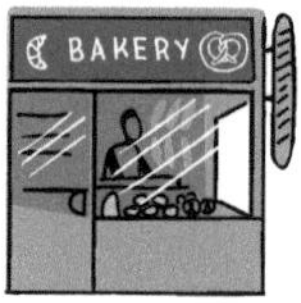

la panadería

Pekarna

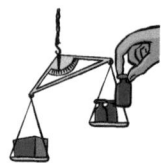

pesar

Tehtati

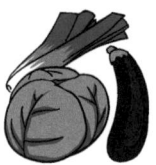

las verduras

Zelenjava

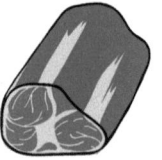

la carne

Meso

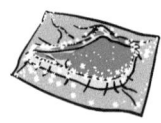

los alimentos congelados

Zamrznjena hrana

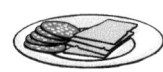

los fiambres

Hladne mesnine

las conservas

Konzerve

el detergente en polvo

Pralni prašek

los dulces

Sladkarije

productos de uso doméstico

Gospodinjski izdelki

productos de limpieza

Čistilno sredstvo

la vendedora

Prodajalka

la caja de cartón

Blagajna

el cajero

Blagajnik

la lista de la compra

Nakupovalni seznam

el horario de atención al público

Delovni čas

la cartera

Denarnica

la tarjeta de crédito

Kreditna kartica

la bolsa de plástico

Torba

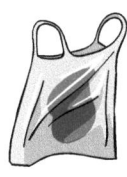

la bolsa de plástico

Plastična vrečka

el agua

Voda

el zumo

Sok

la leche

Mleko

la cola

Kola

el vino

Vino

la cerveza

Pivo

el alcohol

Alkohol

el cacao

Kakav

el té

Čaj

el café

Kava

el expreso

Espresso

el capuchino

Kapučino

el plátano

Banana

la manzana

Jabolko

la naranja

Pomaranča

el melón

Lubenica

el limón

Limona

la zanahoria

Korenje

el ajo

Česen

el bambú

Bambus

la cebolla

Čebula

el champiñón

Goba

las avellanas

Oreščki

los fideos

Rezanci

las espagueti

Špageti

el arroz

Riž

la ensalada

Solata

las patatas fritas

Ocvrt krompirček

las patatas fritas

Pečen krompir

la pizza

Pica

la hamburguesa

Hamburger

el sándwich

Sendvič

el filete

Zrezek

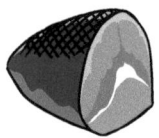

el jamón

Šunka

le salami

Salama

la salchicha

Klobasa

el pollo

Piščanec

el asado

Pečenka

el pescado

Riba

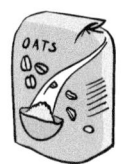

los copos de avena

Ovseni kosmiči

el muesli

Musli

los copos de maíz

Koruzni kosmiči

la harina

Moka

el cruasán

Rogljiček

el panecillo

Žemlja

el pan

Kruh

la tostada

Prepečenec

las galletas

Piškoti

la mantequilla

Maslo

la cuajada

Skuta

el pastel

Torta

el huevo

Jajce

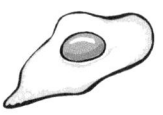

el huevo frito

Pečeno jajce na oko

el queso

Sir

el helado

Sladoled

el azúcar

Sladkor

la miel

Med

la mermelada

Marmelada

la crema de turrón

Čokoladni namaz

el curry

Kari

la granja
Kmetija

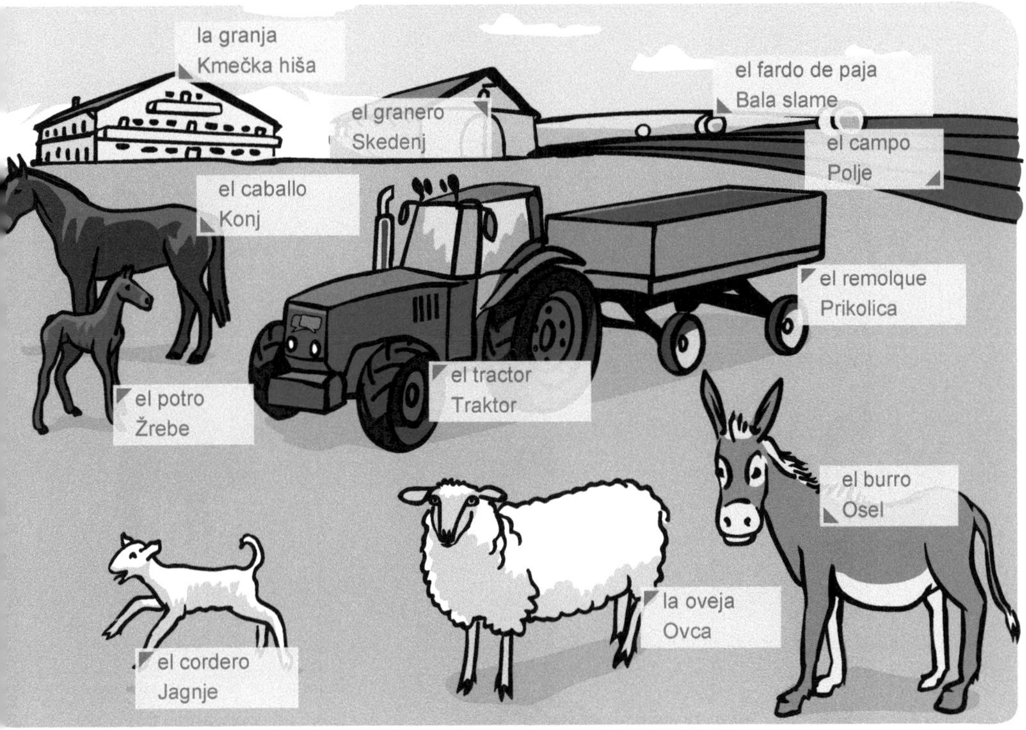

la granja
Kmečka hiša
el granero
Skedenj
el fardo de paja
Bala slame
el campo
Polje
el caballo
Konj
el remolque
Prikolica
el tractor
Traktor
el potro
Žrebe
el burro
Osel
la oveja
Ovca
el cordero
Jagnje

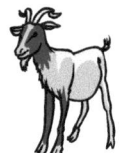

la cabra

Koza

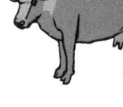

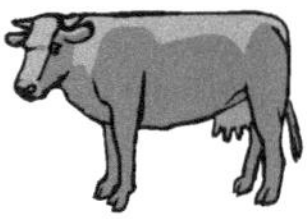

la vaca

Krava

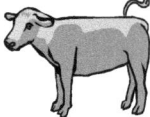

el ternero

Tele

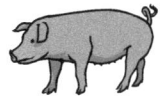

el cerdo

Prašič

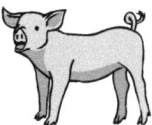

el cerdito

Pujsek

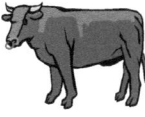

el toro

Bik

el ganso

Gos

el pato

Raca

el pollo

Piščanec

la gallina

Kokoš

el gallo

Petelin

la rata

Podgana

el gato

Mačka

el ratón

Miš

el buey

Vol

el perro

Pes

la perrera

Pasja uta

la manguera

Cev za zalivanje

la regadera

Kangla za zalivanje

la guadaña

Kosa

el arado

Plug

la hoz
Srp

la azada
Motika

la horca
Vile

el hacha
Sekira

la carretilla
Samokolnica

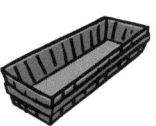

el abrevadero
Korito

la lechera
Kangla za mleko

el saco
Vreča

la valla
Ograja

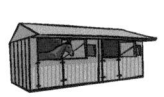

el establo
Hlev

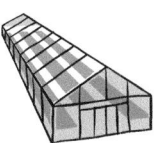

el invernadero
Rastlinjak

el suelo
Prst

la semilla
Seme

el fertilizador
Gnojilo

la cosechadora
Kombajn

cosechar

Žeti

la cosecha

Žetev

el ñame

Jam

el trigo

Pšenica

el soja

Soja

la patata

Krompir

el maíz

Koruza

la semilla de colza

Oljna ogrščica

el árbol frutal

Sadno drevo

la mandioca

Maniok

las cereales

Žito

la casa
Hiša

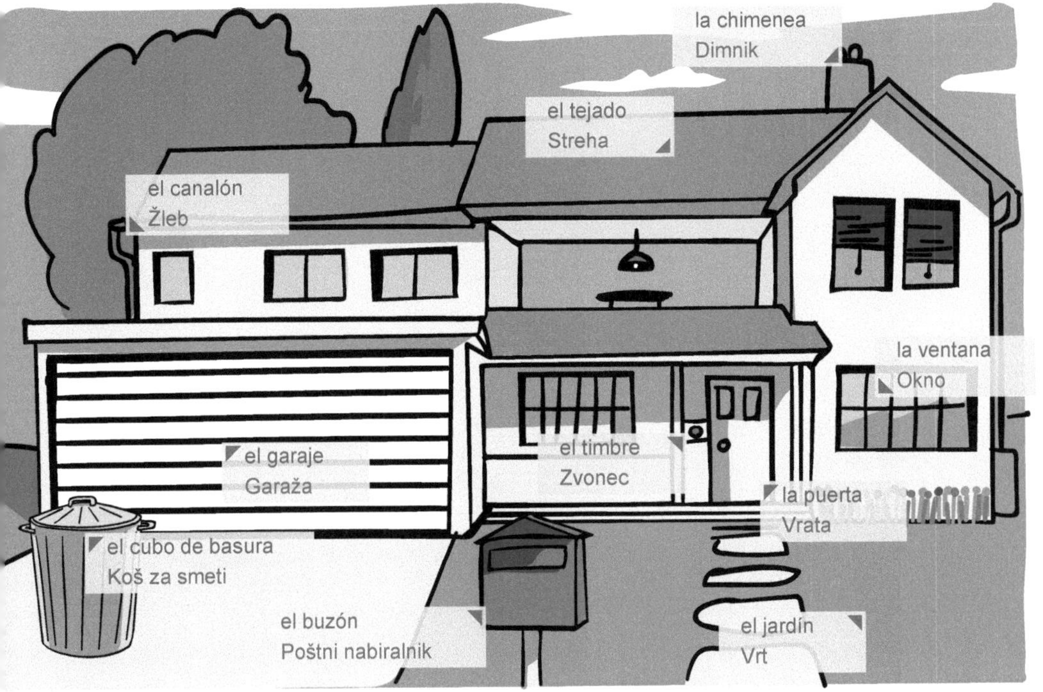
la chimenea
Dimnik
el tejado
Streha
el canalón
Žleb
la ventana
Okno
el garaje
Garaža
el timbre
Zvonec
la puerta
Vrata
el cubo de basura
Koš za smeti
el buzón
Poštni nabiralnik
el jardín
Vrt

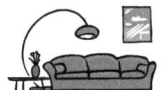

la sala

Dnevna soba

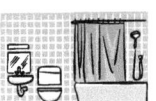

el cuarto de baño

Kopalnica

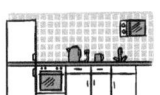

la cocina

Kuhinja

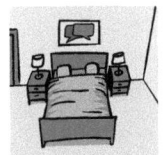

el dormitorio

Spalnica

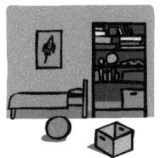

la habitación de los niños

Otroška soba

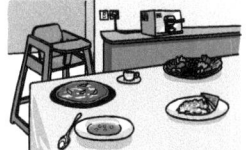

el comedor

Jedilnica

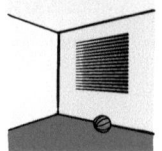

el suelo
Tla

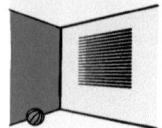

la pared
Stena

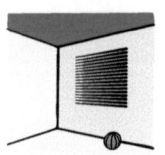

el techo
Strop

el sótano
Klet

la sauna
Savna

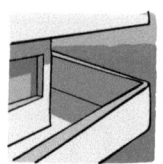

el balcón
Balkon

la terraza
Terasa

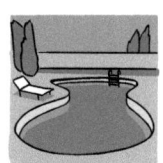

la piscina
Bazen

el cortacésped
Kosilnica

la sábana
Rjuha

la colcha
Posteljno pregrinjalo

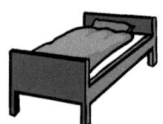

la cama
Postelja

la escoba
Metla

el balde
Vedro

el interruptor
Stikalo

la sala
Dnevna soba

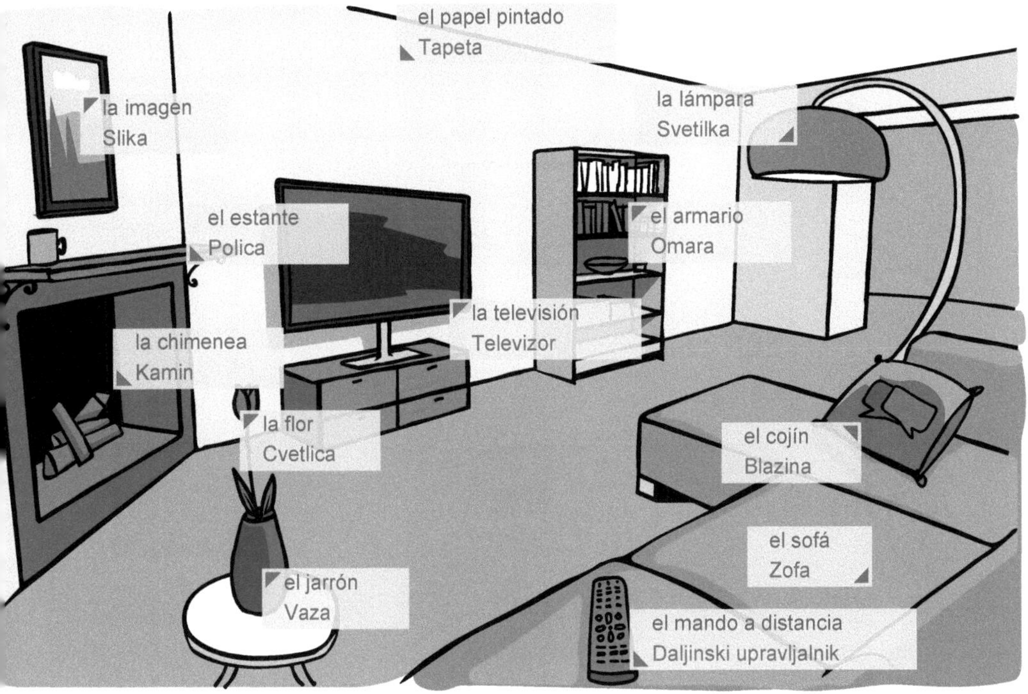

el papel pintado
Tapeta
la imagen
Slika
la lámpara
Svetilka
el estante
Polica
el armario
Omara
la televisión
Televizor
la chimenea
Kamin
la flor
Cvetlica
el cojín
Blazina
el sofá
Zofa
el jarrón
Vaza
el mando a distancia
Daljinski upravljalnik

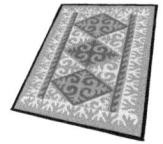

la alfombra
....
Preproga

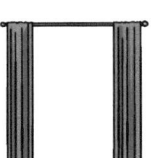

la cortina
....
Zavesa

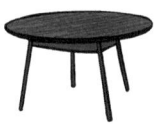

la mesa
....
Miza

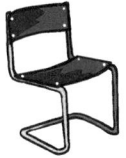

la silla
....
Stol

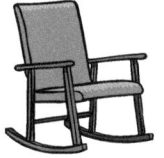

el mecedora
....
Gugalnik

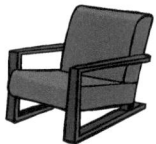

la butaca
....
Naslanjač

el libro

Knjiga

la manta

Odeja

la decoración

Dekoracija

la leña

Drva

la película

Film

el equipo de música

Glasbeni stolp

la llave

Ključ

el periódico

Časopis

la pintura

Slika

el póster

Plakat

la radio

Radio

el cuaderno

Beležka

la aspiradora

Sesalnik

el cactus

Kaktus

la vela

Sveča

la cocina
Kuhinja

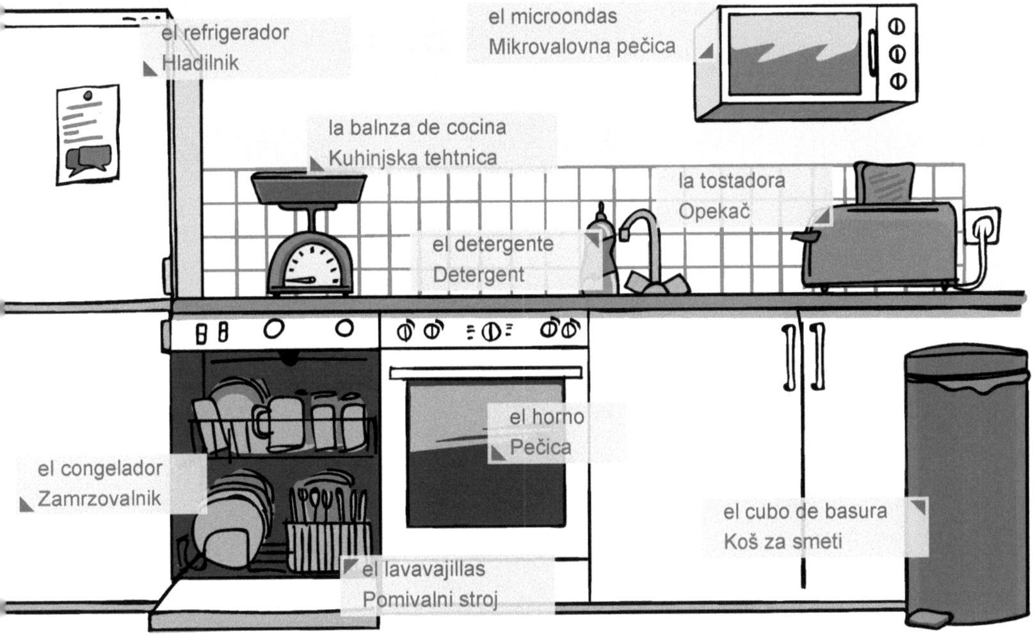
el refrigerador
Hladilnik
el microondas
Mikrovalovna pečica
la balnza de cocina
Kuhinjska tehtnica
la tostadora
Opekač
el detergente
Detergent
el horno
Pečica
el congelador
Zamrzovalnik
el cubo de basura
Koš za smeti
el lavavajillas
Pomivalni stroj

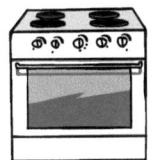

la olla a presión

Kozica

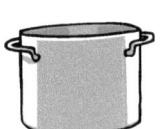

la olla

Lonec

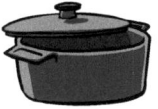

la olla de hierro fundido

Litoželezni lonec

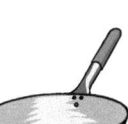

el wok

Vok / kadai

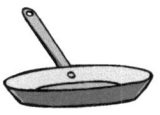

la cazuela

Ponev

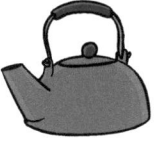

el hervidor

Kotliček

la vaporera

Parni kuhalnik

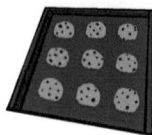

la chapa de horno

Pekač

la vajilla

Posoda

la taza

Skodelica

el tazón

Skleda

los palillos

Jedilne paličice

el cucharón

Zajemalka

la espumadera

Lopatica

el batidor

Metlica

el colador

Cedilnik

el cedazo

Cedilo

el rallador

Strgalo

el mortero

Možnar

la barbacoa

Žar

la hoguera

Ognjišče

la tabla de picar

Deska za rezanje

el rodillo

Valjar

el sacacorchos

Odpirač za steklenice

la lata

Pločevinka

el abrelatas

Odpirač za konzerve

el agarrador

Prijemalka za posodo

el lavabo

Korito

el cepillo

Ščetka

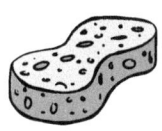

la esponja

Goba

la batidora

Mešalnik

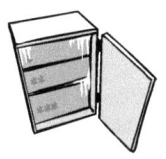

el congelador

Zamrzovalna skrinja

el biberón

Steklenička

el grifo

Pipa

el cuarto de baño
Kopalnica

la calefacción
Ogrevanje
la toalla
Brisača
la ducha
Prha
la cortina de la ducha
Zavesa za prho
el baño de espuma
Peneča kopel
la bañera
Kopalna kad
el vaso
Kozarec
la lavadora
Pralni stroj
el grifo
Pipa
las baldosas
Ploščice
el orinal
Kahlica
el lavabo
Korito

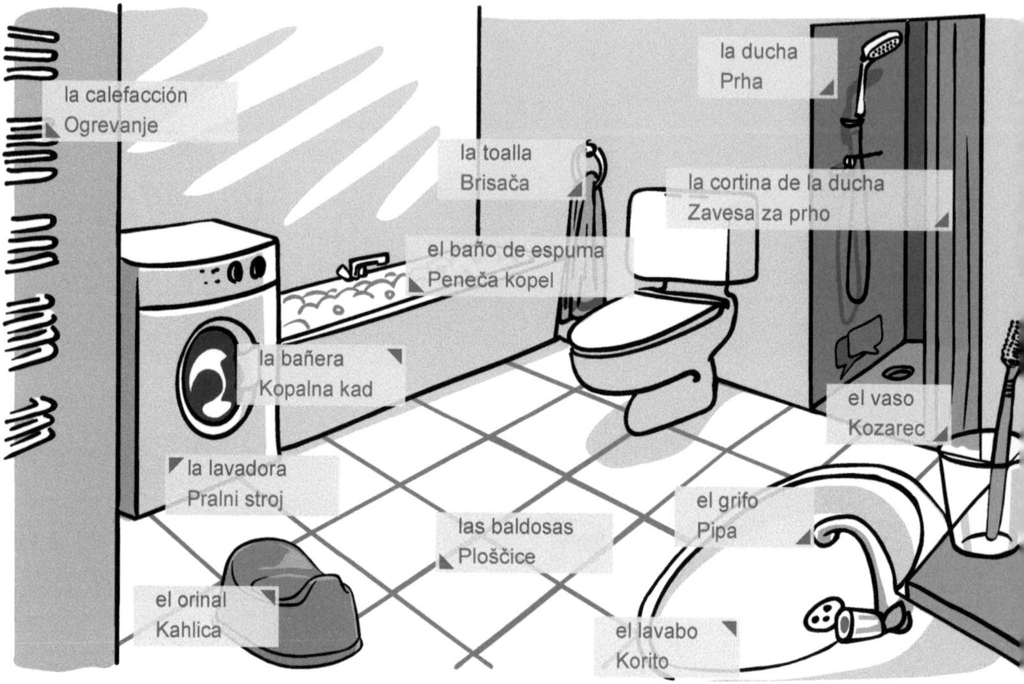

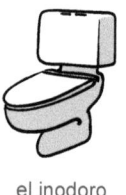

el inodoro

Stranišče

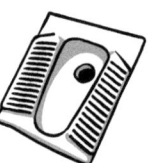

el inodoro rústico

Stranišče na počep

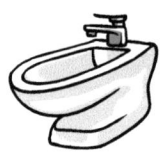

el bidé

Bide

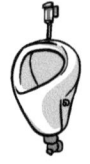

el urinario

Pisoar

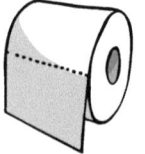

el papel higiénico

Toaletni papir

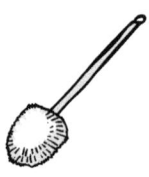

la escobilla del váter

Ščetka za straniščno školjko

el cepillo de dientes
Zobna ščetka

la pasta de dientes
Zobna pasta

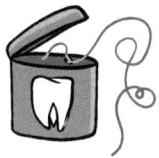

el hilo dental
Zobna nitka

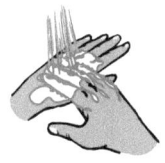

lavar
Umiti se

la ducha de mano
Ročna prha

la ducha íntima
Prha za intimne dele

la pila
Umivalnik

el cepillo de espalda
Krtača za hrbet

el jabón
Milo

el gel de ducha
Gel za prhanje

el champú
Šampon

la toallita
Krpica za miljenje

el desagüe
Odtok

la crema
Krema

el desodorante
Deodorant

el espejo

Ogledalo

el espejo de tocador

Ročno ogledalo

la maquinilla de afeitar

Britvica

la espuma de afeitar

Pena za britje

la loción postafeitado

Vodica po britju

el peine

Glavnik

el cepillo

Ščetka

el secador

Sušilnik za lase

la laca

Lak za lase

el maquillaje

Ličila

el pintalabios

Šminka

el pintauñas

Lak za nohte

el algodón

Vatirane blazinice

el cortauñas

Škarjice za nohte

el perfume

Parfum

el estuche de viaje

Toaletna torbica

la banqueta

Stol brez naslonjala

la balanza

Osebna tehtnica

el albornoz

Kopalni plašč

los guantes de goma

Gumijaste rokavice

el tampón

Tampon

la compresa

Damski vložki

el inodoro químico

Kemično stranišče

la habitación de los niños

Otroška soba

el despertador
Budilka
el peluche
Plišasta igrača
el coche de juguete
Avtomobilček
el sonajero
Ropotuljica
la casa de muñecas
Hiška za punčke
el regalo
Darilo

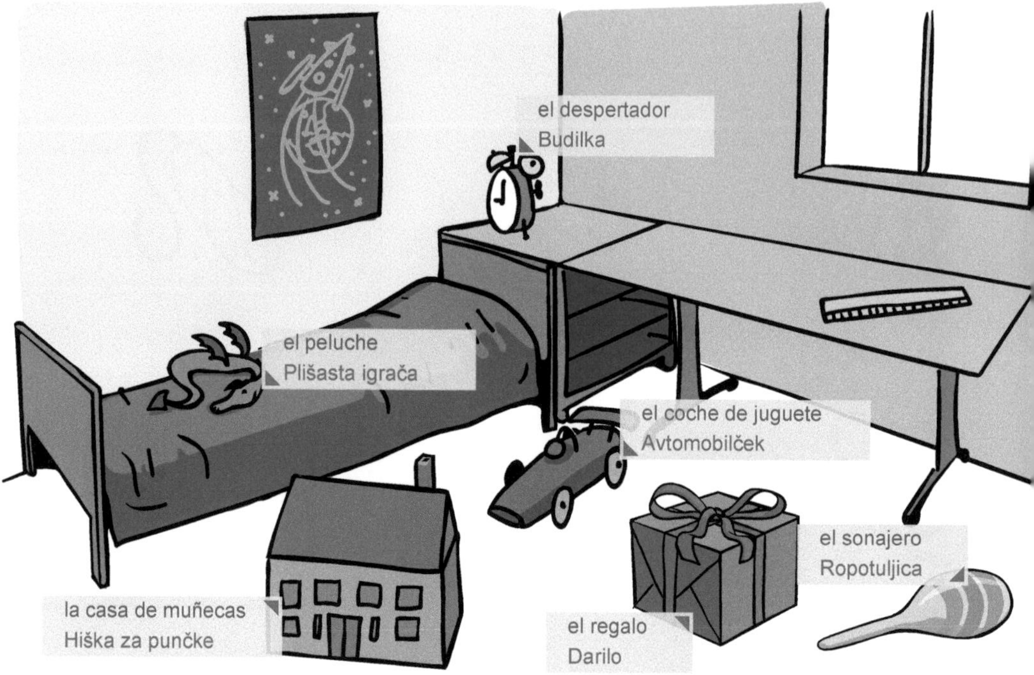

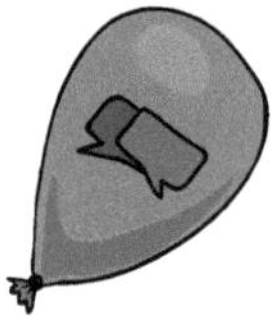

el globo

Balon

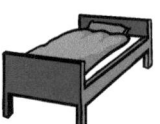

la cama

Postelja

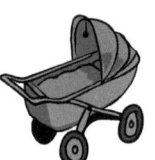

el coche de niño

Otroški voziček

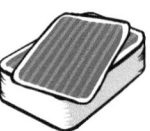

los naipes

Igralne karte

el puzle

Sestavljanka

SUPER
MEGA

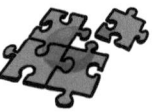

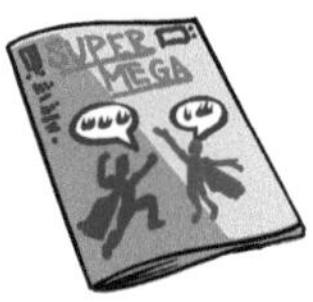

el tebeo

Strip

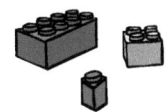

las piezas de lego

Lego kocke

los bloques de juguete

Igralne kocke

la figura de acción

Akcijska figura

el bodi (de bebé)

Bodi

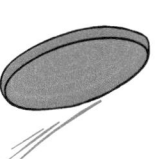

el frisbee

Frizbi

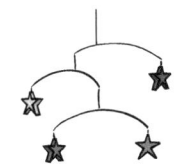

el colgador móvil para bebés

Vrtiljak za posteljico

el juego de mesa

Namizna igra

los dados

Kocka

el circuito de tren eléctrico

Komplet modelov vlakov

el maniquí

Duda

la fiesta

Zabava

el álbum de fotos

Slikanica

la pelota

Žoga

la muñeca

Lutka

jugar

Igrati se

el cajón de arena

Peskovnik

el columpio

Gugalnica

los juguetes

Igrače

la videoconsola

Igralna konzola

el triciclo

Tricikel

el oso de peluche

Plišasti medvedek

la guardarropa

Garderoba

la ropa
Oblačilo

los calcetines

Nogavice

las medias

Samostoječe nogavice

los leotardos

Hlačne nogavice

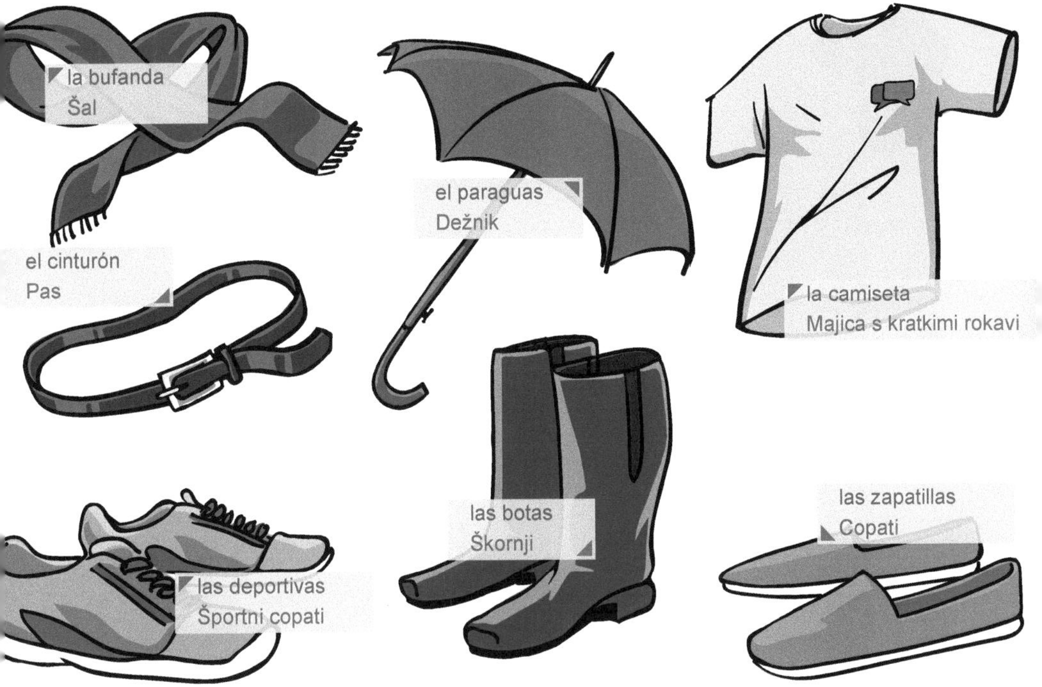

la bufanda
Šal

el cinturón
Pas

el paraguas
Dežnik

la camiseta
Majica s kratkimi rokavi

las botas
Škornji

las zapatillas
Copati

las deportivas
Športni copati

las sandalias
Sandali

los zapatos
Čevlji

las botas de goma
Gumijasti škornji

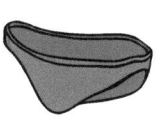

el slip
Spodnje hlače

el sostén
Modrček

el chaleco
Telovnik

el bodi

Bodi

los pantalones cortos

Hlače

los vaqueros

Kavbojke

la falda

Krilo

la blusa

Bluza

la camisa

Srajca

el jersey

Pulover

el suéter

Pletena jopica

el blazer

Jopa

la chaqueta

Jakna

el abrigo

Plašč

la gabardina

Dežni plašč

el traje

Kostim

el vestido

Obleka

el vestido de novia

Poročna obleka

el traje

Obleka

el camisón

Spalna srajca

el pijama

Pižama

el sati

Sari

el bandana

Naglavna ruta

el turbante

Turban

la burka

Burka

el caftán

Kaftan

la abaya

Abaja

el traje de baño

Kopalke

el bañador

Kopalne hlače

los pantalones cortos

Kratke hlače

el chándal

Trenirka

el delantal

Predpasnik

los guantes

Rokavice

el botón

Gumb

las gafas

Očala

el brazalete

Zapestnica

el collar

Verižica

el anillo

Prstan

el pendiente

Uhan

la gorra

Kapa

la percha

Obešalnik

el sombrero

Klobuk

la corbata

Kravata

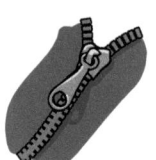

la cremallera

Zadrga

el casco

Čelada

los tirantes

Naramnice

el uniforme

Šolska uniforma

el uniforme

Uniforma

el babero

Slinček

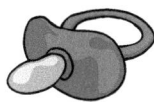

el maniquí

Duda

el pañal

Plenica

la oficina
Pisarna

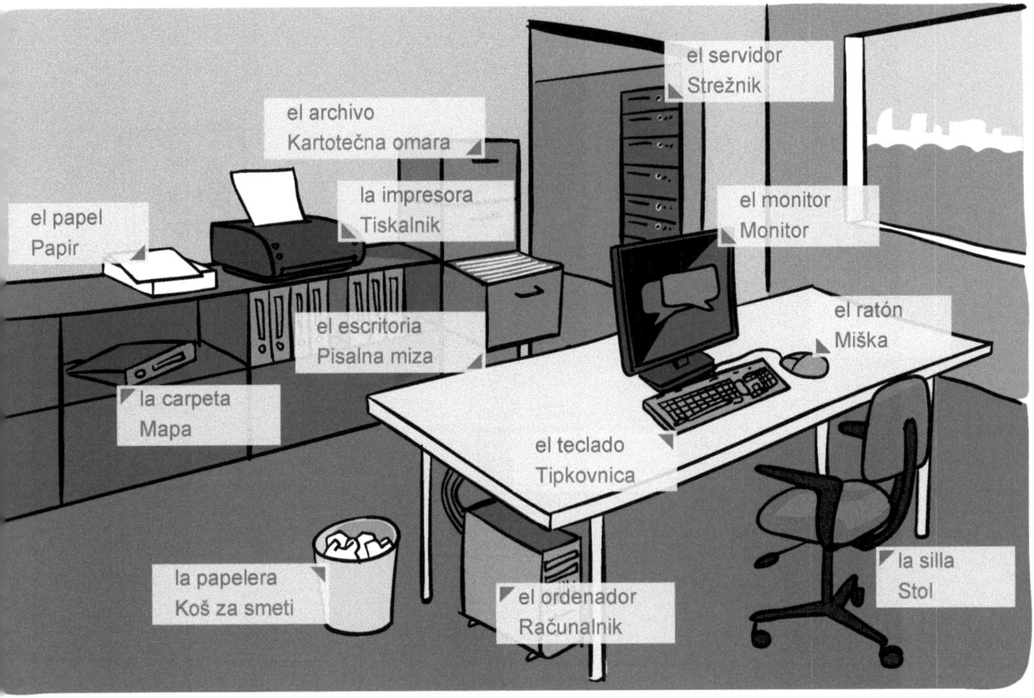

el servidor
Strežnik

el archivo
Kartotečna omara

la impresora
Tiskalnik

el papel
Papir

el monitor
Monitor

el escritoria
Pisalna miza

el ratón
Miška

la carpeta
Mapa

el teclado
Tipkovnica

la papelera
Koš za smeti

el ordenador
Računalnik

la silla
Stol

la taza de café

Lonček za kavo

la calculadora

Kalkulator

el internet

Internet

el portátil

Prenosnik

la carta

Pismo

el mensaje

Sporočilo

el móvil

Mobilnik

la red

Omrežje

la fotocopiadora

Kopirni stroj

el software

Programska oprema

el teléfono

Telefon

la toma de corriente

Vtičnica

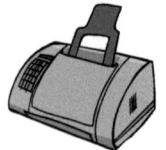

el fax

Telefaks

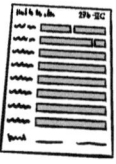

el formulario

Obrazec

el documento

Dokument

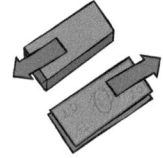

comprar

Kupiti

pagar

Plačati

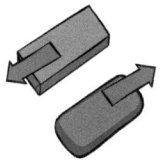

comerciar

Trgovati

el dinero

Denar

USD

el dólar

Dolar

EUR

el euro

Evro

JPY

el yen

Jen

RUB

el rublo

Rubelj

CHF

el franco suizo

Švičarski frank

CNY

el renminbi yuan

Kitajski juan renminbi

INR

la rupia

Rupija

el cajero automático

Bankomat

la oficina de cambio de divisas
Menjalnica

el oro
Zlato

la plata
Srebro

el petróleo
Nafta

la energía
Energija

el precio
Cena

el contrato
Pogodba

el impuesto
Davek

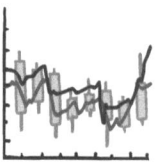

la acción
Delnice

trabajar
Delati

el empleador
Delojemalec

el empleador
Delodajalec

la fábrica
Tovarna

la tienda de campaña
Trgovina

los oficios
Poklici

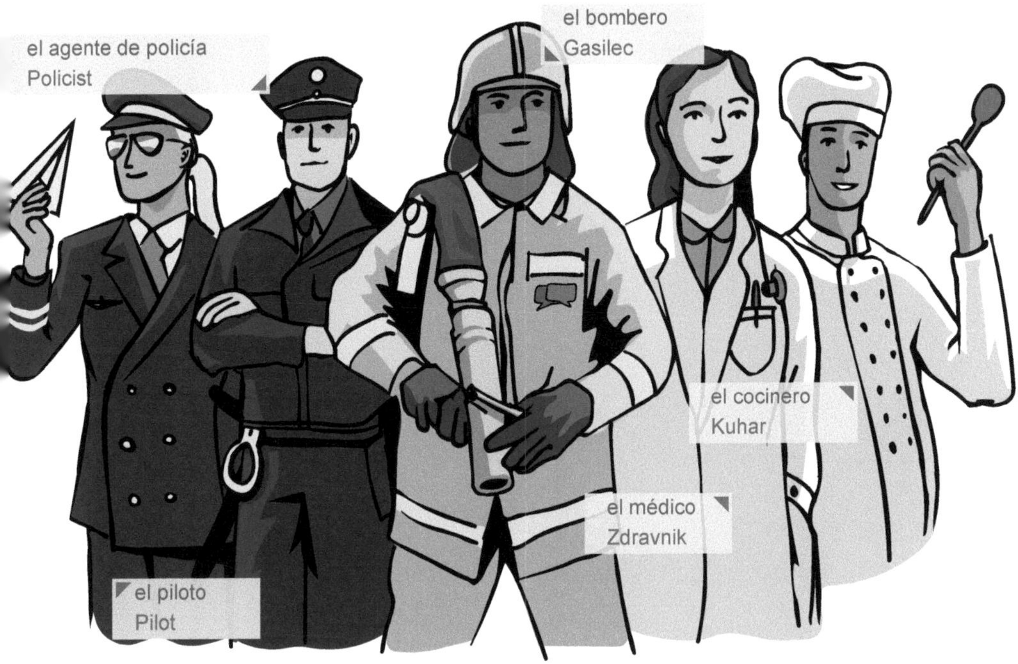
el agente de policía
Policist
el bombero
Gasilec
el cocinero
Kuhar
el médico
Zdravnik
el piloto
Pilot

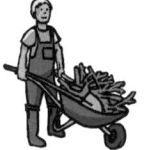

el jardinero

Vrtnar

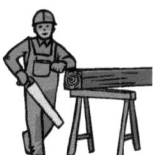

el carpintero

Mizar

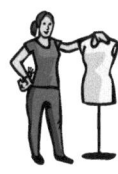

la costurera

Šivilja

el juez

Sodnik

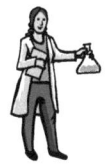

el farmacéutico

Kemik

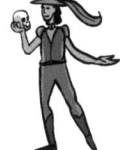

el actor

Igralec

el conductor de autobús

Voznik avtobusa

el taxista

Taksist

el pescador

Ribič

la señora de la limpieza

Čistilka

el techador

Krovec

el camarero

Natakar

el cazador

Lovec

el pintor

Pleskar

el panadero

Pek

el electricista

Električar

el obrero

Gradbenik

el ingeniero

Inženir

el carnicero

Mesar

el fontanero

Vodovodni inštalater

el cartero

Poštar

el soldado

Vojak

el arquitecto

Arhitekt

el cajero

Blagajnik

el florista

Cvetličar

el peluquero

Frizer

el revisor

Sprevodnik

el mecánico

Mehanik

el capitán

Kapitan

el dentista

Zobozdravnik

el científico

Znanstvenik

el rabino

Rabin

el imán

Imam

el monje

Menih

el sacerdote

Duhovnik

las herramientas
Orodje

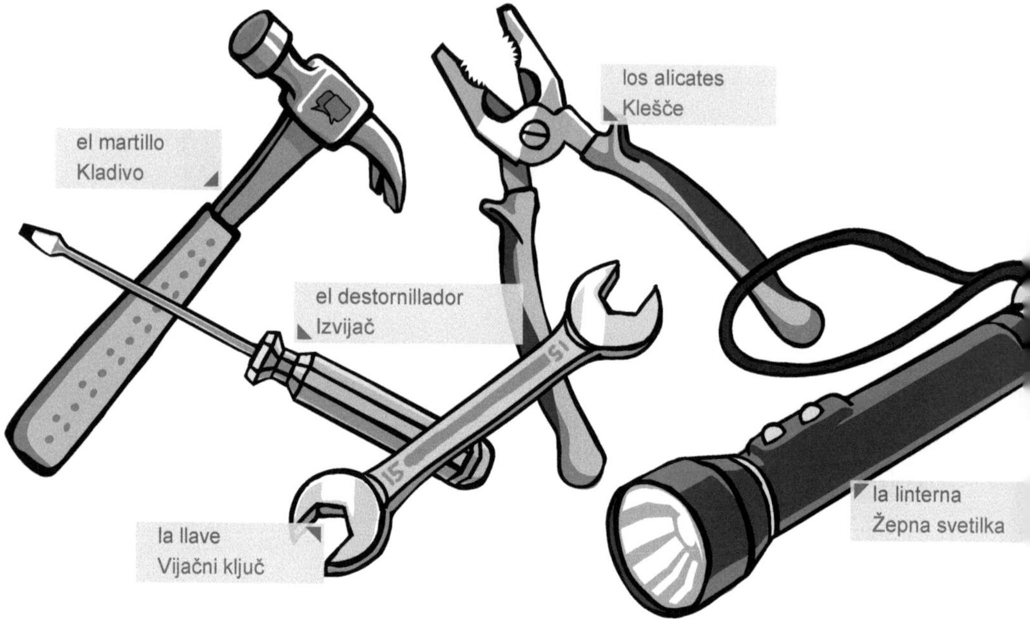

el martillo
Kladivo
los alicates
Klešče
el destornillador
Izvijač
la llave
Vijačni ključ
la linterna
Žepna svetilka

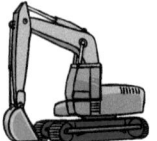

la excavadora

Bager

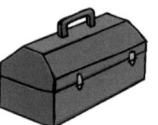

la caja de herramientas

Zaboj z orodjem

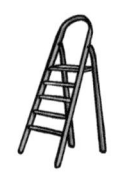

la escalera de mano

Lestev

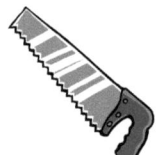

la sierra

Žaga

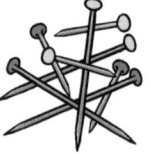

los clavos

Žeblji

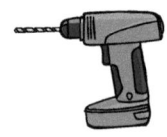

el taladro

Vrtalnik

reparar
Popraviti

la pala
Lopata

¡Maldita sea!
Šment!

el recogedor
Smetišnica

el bote de pintura
Posoda z barvo

los tornillos
Vijaki

los instrumentos musicales
Glasbeni instrument

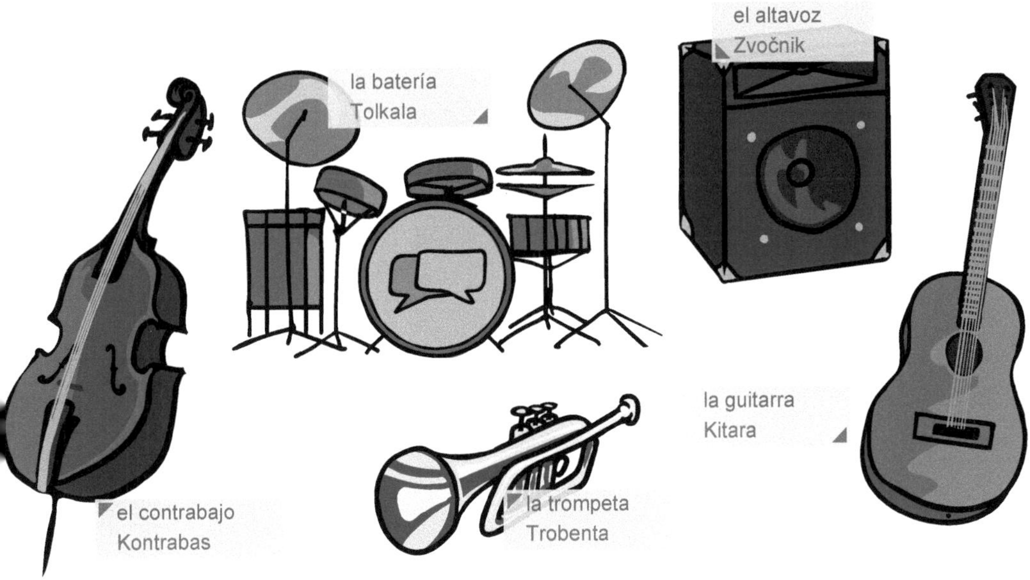

el altavoz
Zvočnik

la batería
Tolkala

la guitarra
Kitara

el contrabajo
Kontrabas

la trompeta
Trobenta

el piano

Klavir

el violín

Violina

bajo

Bas kitara

los timbales

Pavke

el tambor

Bobni

el teclado

Sintetizator

el saxofón

Saksofon

la flauta

Flavta

el micrófono

Mikrofon

la entrada
Vhod

el tigre
Tiger

la jaula
Kletka

la cebra
Zebra

el pienso
Krma za živali

el panda
Panda

los animales

Živali

el elefante

Slon

el canguro

Kenguru

el rinoceronte

Nosorog

el gorila

Gorila

el oso

Medved

el camello

Kamela

el avestruz

Noj

el león

Lev

el mono

Opica

el flamingo

Plamenec

el loro

Papagaj

el oso polar

Severni medved

el pingüino

Pingvin

el tiburón

Morski pes

el pavo real

Pav

la serpiente

Kača

el cocodrilo

Krokodil

el guardián de zoológico

Oskrbnik v živalskem vrtu

la foca

Tjulenj

el jaguar

Jaguar

el poni

Poni

el leopardo

Leopard

el hipopótamo

Povodni konj

la jirafa

Žirafa

el águila

Orel

el jabalí

Divji prašič

el pescado

Riba

la tortuga

Želva

la morsa

Mrož

el zorro

Lisica

la gacela

Gazela

el fútbol americano
Ameriški nogomet

el ciclismo
Kolesarjenje

el tenis
Tenis

el baloncesto
Košarka

la natación
Plavanje

el boxeo
Boks

el hockey sobre hielo
Hokej

el fútbol
Nogomet

el bádminton
Badminton

el atletismo
Atletika

el balonmano
Rokomet

el esquí
Smučanje

el polo
Polo

saltar
Skočiti

reír
Smejati se

abrazar
Objeti

caminar
Hoditi

cantar
Peti

soñar
Sanjati

rezar
Moliti

besar
Poljubiti

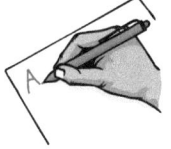

escribir
Pisati

dibujar
Risati

mostrar
Pokazati

empujar
Potisniti

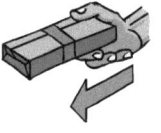

dar
Dati

tomar
Vzeti

tener
....
Imeti

hacer
....
Narediti

ser
....
Biti

estar de pie
....
Stati

correr
....
Teči

tirar
....
Vleči

tirar
....
Vreči

caer
....
Pasti

yacer
....
Ležati

esperar
....
Čakati

llevar
....
Nositi

estar sentado
....
Sedeti

vestirse
....
Obleči se

dormir
....
Spati

despertar
....
Zbuditi se

mirar

Gledati

llorar

Jokati

acariciar

Božati

peinar

Česati se

hablar

Govoriti

entender

Razumeti

preguntar

Vprašati

escuchar

Poslušati

beber

Piti

comer

Jesti

ordenar

Pospraviti

amar

Ljubiti

cocinar

Kuhati

conducir

Voziti

volar

Leteti

navegar

Jadrati

calcular

Računanje

leer

Brati

aprender

Učiti se

trabajar

Delati

casarse

Poročiti se

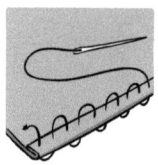

coser

Šivati

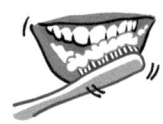

cepillarse los dientes

Ščetkati si zobe

matar

Ubiti

fumar

Kaditi

enviar

Poslati

las actividades - Dejavnosti

la familia
Družina

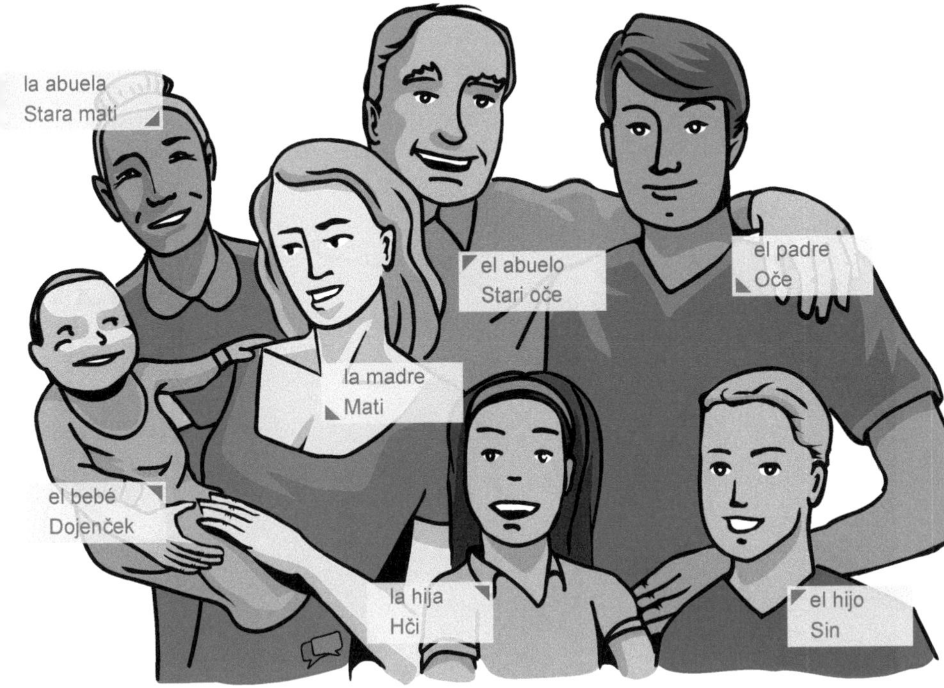

la abuela
Stara mati
el abuelo
Stari oče
el padre
Oče
la madre
Mati
el bebé
Dojenček
la hija
Hči
el hijo
Sin

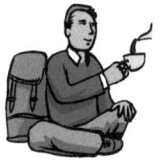

el invitado

Gost

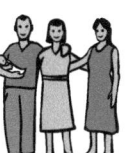

la tía

Teta

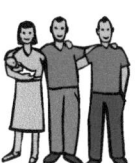

el tío

Stric

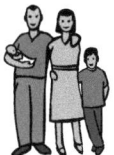

el hermano

Brat

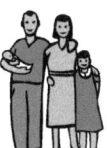

la hermana

Sestra

el cuerpo
Telo

la frente
Čelo
el ojo
Oko
el hombro
Rama
el dedo
Prst
la cara
Obraz
la barbilla
Brada
la mano
Dlan
la pierna
Noga
el pecho
Prsi
el brazo
Roka

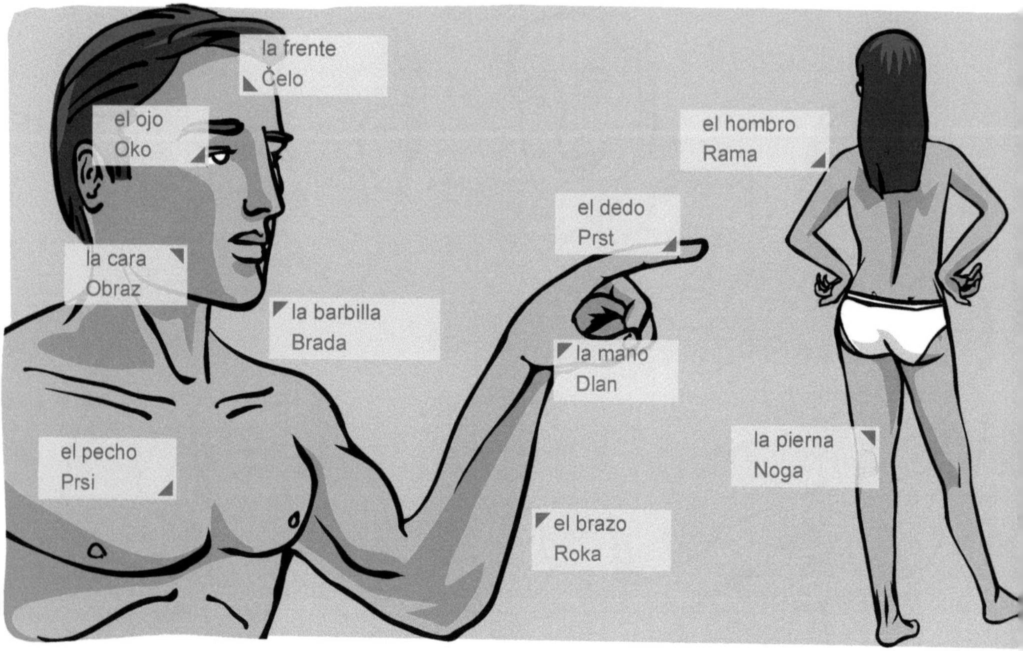

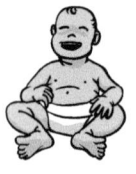

el bebé

Dojenček

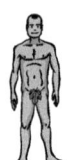

el hombre

Človek

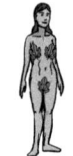

la mujer

Ženska

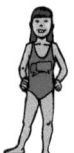

la chica

Dekle

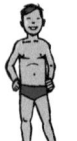

el chico

Fant

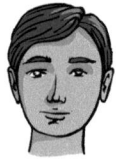

la cabeza

Glava

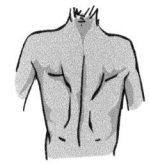

la espalda

Hrbet

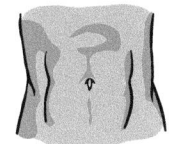

el vientre

Trebuh

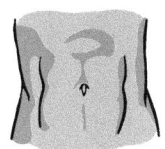

el ombligo

Popek

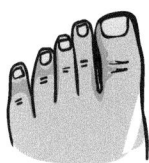

el dedo del pie

Prst na nogi

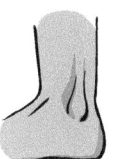

el talón

Peta

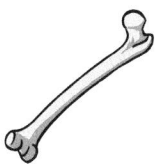

el hueso

Kost

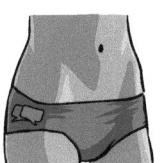

la cadera

Kolk

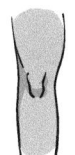

la rodilla

Koleno

el codo

Komolec

la nariz

Nos

el trasero

Zadnjica

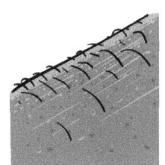

la piel

Koža

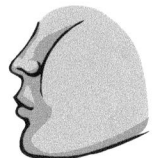

la mejilla

Lice

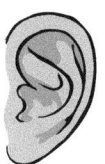

el oído

Uho

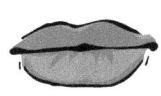

el labio

Ustnica

la boca

Usta

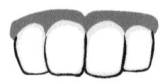

el diente

Zob

la lengua

Jezik

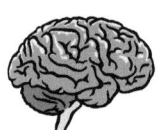

el cerebro

Možgani

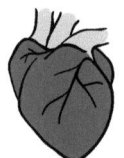

el corazón

Srce

el músculo

Mišica

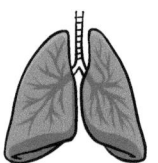

el pulmón

Pljuča

el hígado

Jetra

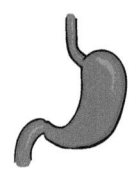

el estómago

Želodec

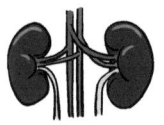

los riñones

Ledvice

el sexo

Spolni odnos

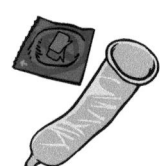

el condón

Kondom

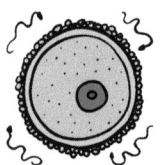

el ovario

Jajčece

el semen

Semenska tekočina

el embarazo

Nosečnost

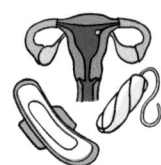

la menstruación
....
Menstruacija

la vagina
....
Vagina

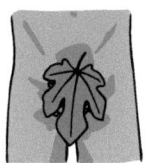

el pene
....
Penis

la ceja
....
Obrv

el pelo
....
Lasje

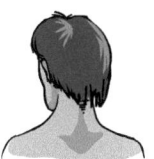

el cuello
....
Vrat

el hospital
Bolnišnica

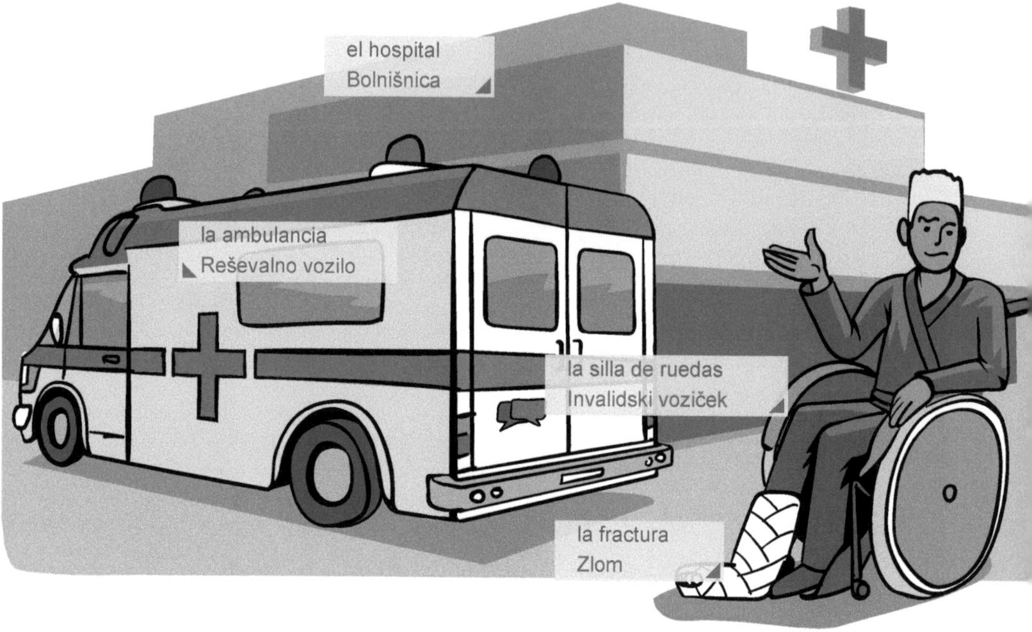

el hospital
Bolnišnica
la ambulancia
Reševalno vozilo
la silla de ruedas
Invalidski voziček
la fractura
Zlom

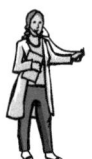

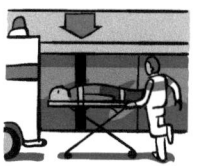

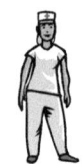

el médico

Zdravnik

la sala de urgencias

Urgenca

la enfermera

Medicinska sestra

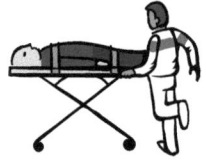

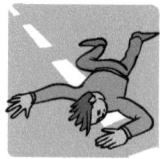

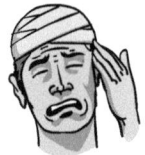

la urgencia

Nujni primer

inconsciente

Nezavesten

el dolor

Bolečina

la lesión

Poškodba

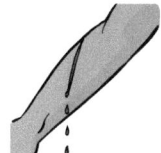

la hemorragia

Krvavenje

el infarto

Srčni infarkt

el ictus

Kap

la alergia

Alergija

la tos

Kašelj

la fiebre

Vročina

la gripe

Gripa

la diarrea

Driska

el dolor de cabeza

Glavobol

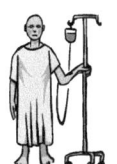

el cáncer

Rak

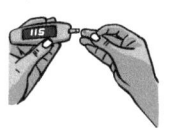

la diabetes

Sladkorna bolezen

el cirujano

Kirurg

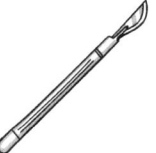

el bisturí

Skalpel

la operación

Operacija

TAC

CT

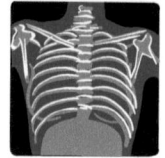

los rayos x

Rentgen

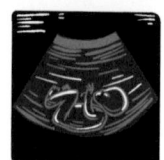

el ultrasonido

Ultrazvok

la mascarilla

Obrazna maska

la enfermedad

Bolezen

la sala de espera

Čakalnica

la muleta

Bergla

la tirita

Obliž

la venda

Preveza

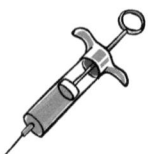

la inyección

Injekcija

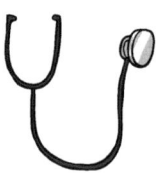

el estetoscopio

Stetoskop

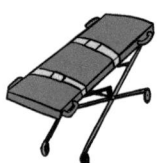

la camilla

Nosila

el termómetro

Klinični termometer

el nacimiento

Porod

el sobrepeso

Prekomerna teža

el audífono

Slušni pripomoček

el desinfectante

Razkužilo

la infección

Okužba

el virus

Virus

VIH / SIDA

HIV / AIDS

la medicina

Medicina

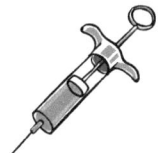

la vacunación

Cepljenje

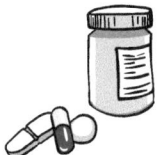

las tabletas

Tablete

la pastilla

Tableta

la llamada de urgencia

Klic v sili

el tensiómetro

Merilnik krvnega tlaka

enfermo / sano

bolano / zdravo

¡Socorro!

Na pomoč!

la alarma

Alarm

el asalto

Napad

el ataque

Napad

el peligro

Nevarnost

la salida de emergencia

Izhod v sili

¡Fuego!

Gori!

el extintor de incendios

Gasilni aparat

el accidente

Nezgoda

el botiquín de primeros
auxilios

Komplet za prvo pomoč

SOS

SOS

la policía

Policija

Europa

Evropa

Norteamérica

Severna Amerika

Sudamérica

Južna Amerika

África

Afrika

Asia

Azija

Australia

Avstralija

el atlántico

Atlantski ocean

el Pacífico

Tihi ocean

el Océano Índico

Indijski ocean

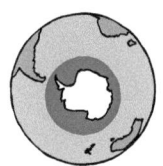

el Océano Antártico

Južni ocean

el Océano Ártico

Arktični ocean

el polo norte

Severni tečaj

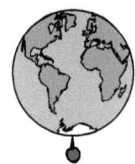

el polo sur

Južni tečaj

La Antártida

Antarktika

la tierra

Zemlja

la tierra

Kopno

el mar

Morje

la isla

Otok

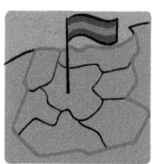

la nación

Narod

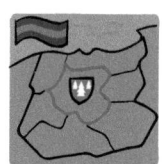

el estado

Država

la esfera

Številčnica

la manecilla de las horas

Urni kazalec

el minutero

Minutni kazalec

el segundero

Sekundni kazalec

¿Qué hora es?

Koliko je ura?

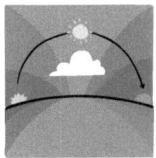

el día

Dan

el tiempo

Čas

ahora

Zdaj

el reloj digital

Digitalna ura

el minuto

Minuta

la hora

Ura

la semana
Teden

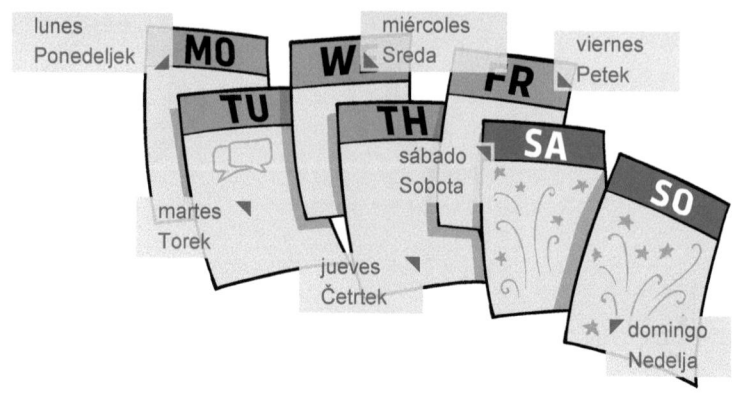

lunes / Ponedeljek
miércoles / Sreda
viernes / Petek
martes / Torek
sábado / Sobota
jueves / Četrtek
domingo / Nedelja

ayer

Včeraj

hoy

Danes

mañana

Jutri

la mañana

Jutro

el mediodía

Poldne

la tarde

Večer

los días laborables

Delovni dnevi

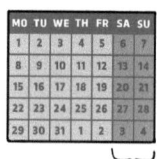

el fin de semana

Konec tedna

el año
Leto

la lluvia
Dež
el arcoíris
Mavrica
la nieve
Sneg
el viento
Veter
la primavera
Pomlad
el otoño
Jesen
el verano
Poletje
el invierno
Zima

4.APRIL 11°
5.APRIL 4°
6.APRIL 13°
7.APRIL 8°
8.APRIL 10°

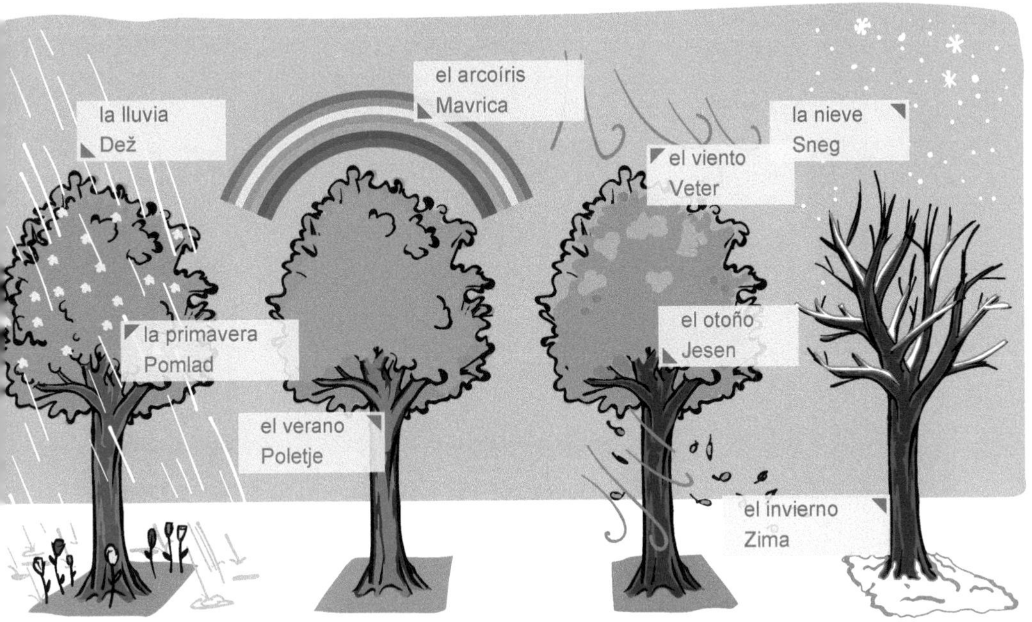

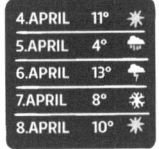

el pronóstico del tiempo

Vremenska napoved

F
C
120
90
60
30
0
-30
40
30
20
10
0
-10
-20

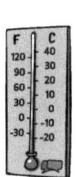

el termómetro

Termometer

el sol

Sončna svetloba

la nube

Oblak

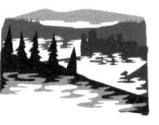

la niebla

Megla

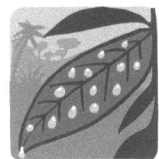

la humedad

Vlažnost

el rayo

Strela

el trueno

Grom

la tormenta

Nevihta

el granizo

Toča

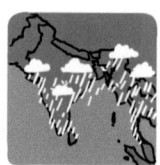

el monzón

Monsun

la inundación

Poplava

el hielo

Led

enero

Januar

febrero

Februar

marzo

Marec

abril

April

mayo

Maj

junio

Junij

julio

Julij

agosto

Avgust

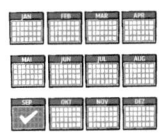

septiembre

September

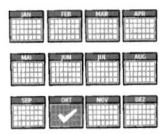

octubre

Oktober

noviembre

November

diciembre

December

las formas
Oblike

el círculo

Krogla

el cuadrado

Kvadrat

el rectángulo

Pravokotnik

el triángulo

Trikotnik

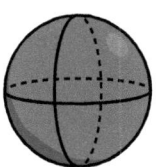

la esfera

Krogla

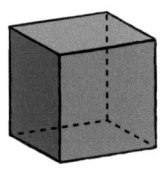

el cubo

Kocka

blanco

Bela

amarillo

Rumena

anaranjado

Oranžna

rosa

Rožnata

rojo

Rdeča

morado

Vijolična

azul

Modra

verde

Zelena

marrón

Rjava

gris

Siva

negro

Črna

mucho / poco

veliko / malo

enojado / tranquilo

jezno / umirjeno

bonito / feo

lepo / grdo

principio / fin

začetek / konec

grande / pequeño

veliko / majhno

claro / oscuro

svetlo / temno

el hermano / la hermana

brat / sestra

limpio / sucio

čisto / umazano

completo / incompleto

popolno / nepopolno

el día / la noche

dan / noč

muerto / vivo

mrtvo / živo

ancho / estrecho

široko / ozko

comestible / no comestible

užitno / neužitno

malo / amable

zlobno / prijazno

entusiasmado / aburrido

vznemirjeno / zdolgočaseno

gordo / delgado

debelo / vitko

primero / último

prvo / zadnje

el amigo / el enemigo

prijatelj / sovražnik

lleno / vacío

polno / prazno

duro / blando

trdo / mehko

pesado / ligero

težko / lahko

el hambre / la sed

lakota / žeja

enfermo / sano

bolano / zdravo

ilegal / legal

nezakonito / zakonito

inteligente / tonto

pametno / neumno

izquierda / derecha

levo / desno

cerca / lejos

blizu / daleč

los opuestos - Nasprotja

nuevo / usado

novo / rabljeno

nada / algo

nič / nekaj

viejo / joven

staro / mlado

encendido / apagado

vklopljeno / izklopljeno

abierto / cerrado

odprto / zaprto

silencioso / ruidoso

tiho / glasno

rico / pobre

bogato / revno

correcto / incorrecto

prav / narobe

áspero / suave

grobo / gladko

triste / contento

žalostno / veselo

corto / largo

kratko / dolgo

lento / rápido

počasi / hitro

húmedo / seco

mokro / suho

cálido / frío

toplo / hladno

guerra / paz

vojna / mir

0	**1**	**2**
cero	uno	dos
Ničla	Ena	Dva
3	**4**	**5**
tres	cuatro	cinco
Tri	Štiri	Pet
6	**7**	**8**
seis	siete	ocho
Šest	Sedem	Osem
9	**10**	**11**
nueve	diez	once
Devet	Deset	Enajst

12

doce

Dvanajst

13

trece

Trinajst

14

catorce

Štirinajst

15

quince

Petnajst

16

dieciséis

Šestnajst

17

diecisiete

Sedemnajst

18

dieciocho

Osemnajst

19

diecinueve

Devetnajst

20

veinte

Dvajset

100

cien

Sto

1.000

mil

Tisoč

1.000.000

el millón

Milijon

el inglés

Angleščina

el inglés americano

Ameriška angleščina

el chino madarín

Mandarinščina

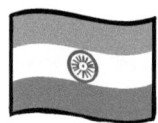

el hindi

Hindujščina

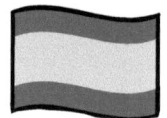

el español

Španščina

el francés

Francoščina

el árabe

Arabščina

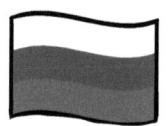

el ruso

Ruščina

el portugués

Portugalščina

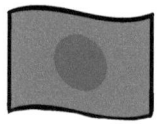

el bengalí

Bengalščina

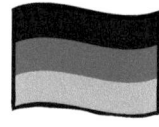

el alemán

Nemščina

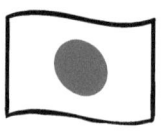

el japonés

Japonščina

yo

Jaz

tú

Ti

él / ella / ello

On / ona / tisto

nosotros/as

Mi

vosotros/as

Vi

ellos/as

Oni

¿quién?

Kdo?

¿qué?

Kaj?

¿cómo?

Kako?

¿dónde?

Kje?

¿cuándo?

Kdaj?

el nombre

Ime

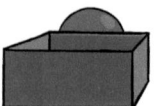

detrás

Zadaj

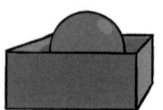

en

V

delante de

Pred

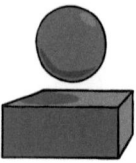

por encima de

Nad

sobre

Na

debajo de

Pod

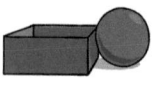

junto a

Poleg

entre

Med

el lugar

Kraj